UNE EXCURSION

A TRAVERS

LA TUNISIE CENTRALE

PAR

Ernest FALLOT

ANCIEN SECRÉTAIRE DE LA SOCIÉTÉ DE GÉOGRAPHIE DE MARSEILLE

MARSEILLE

TYPOGRAPHIE ET LITHOGRAPHIE BARLATIER ET BARTHELET
Rue Venture, 19.

1890

UNE EXCURSION

A TRAVERS

LA TUNISIE CENTRALE

PAR

Ernest FALLOT

ANCIEN SECRÉTAIRE DE LA SOCIÉTÉ DE GÉOGRAPHIE DE MARSEILLE

MARSEILLE
TYPOGRAPHIE ET LITHOGRAPHIE BARLATIER ET BARTHELET
Rue Venture, 19.
1890

TIRÉ A VINGT-CINQ EXEMPLAIRES

Numérotés

Sur papier de Hollande.

———

N°

A Madame Fabry,

A Madame Eigenschenk,

. Non licet omnibus adire... Tubursicum.

Vous êtes, Mesdames, au nombre des très rares françaises qui ont eu le privilége enviable de visiter Téboursouk et les ruines splendides de la romaine Tougga. En souvenir de cette excursion, où votre présence ajoutait comme un parfum nouveau à la poésie des sites que nous avons admirés ensemble, acceptez ces quelques pages, simple récit qu'au retour j'adressais à ma sœur.

Recevez-les comme un faible témoignage de mon entier et respectueux dévouement.

E. FALLOT.

Tunis, 1ᵉʳ Janvier 1890.

UNE EXCURSION

A TRAVERS LA TUNISIE CENTRALE

Tunis, le 2 Mai 1889.

Ma chère Sœur,

Partis le lundi de Pâques de grand matin par le chemin de fer d'Algérie, nous sommes deux heures après à la gare de l'Oued-Zerga, qui a été incendiée et dont le personnel a été massacré pendant l'insurrection de 1881. A la descente du train nous trouvons un groupe de mulets et de chevaux qui paissent, attachés à des piquets, en attendant notre arrivée. Nos bagages sont bientôt chargés et nous-mêmes nous ne tardons pas à être en selle et à nous enfoncer dans le sud, à travers un pays de montagnes, où l'on découvre à chaque pas de très-beaux points de vue. Notre caravane, qui serpente à la file le long d'un étroit sentier, escaladant des rampes escarpées pour dégringoler dans des lits de torrents le plus souvent à sec, offre au regard un spectacle qui ne manque pas de pittoresque. En tête marche un cavalier au manteau bleu que le Contrôleur civil a détaché, pour nous servir de guide, de son oudjak, sorte de gendarmerie indigène, dont il a le commandement.

Le Khalifa de Testour, un fonctionnaire qui correspond à peu près au sous-préfet de France, est venu à notre rencontre et nous fait escorte. Ce n'est pas sans étonnement que les arabes en sortant de leurs gourbis pour nous regarder passer, constatent au milieu de nous la présence de deux dames françaises qui n'ont pas reculé, devant la perspective des fatigues toujours inséparables d'une excursion dans des régions où les habitudes de confort européen, que nous décorons du nom de civilisation, ne sont même pas soupçonnées.

La montagne franchie, nous descendons dans une plaine couverte d'un tapis de verdure et de fleurs, où derrière la ligne grisâtre de la Medjerda, la petite ville de Téstour montre ses toitures en tuiles, spectacle presque unique en ce pays. Nous traversons à gué le grand fleuve de la Tunisie, et trouvons sur l'autre rive la population entière réunie pour nous saluer en un groupe dont les costumes aux couleurs claires éclatent joyeusement dans le grand soleil d'un midi africain. Arrivés devant la demeure du Khalifa, nous mettons pied à terre et faisons le plus grand honneur au repas arabe qu'il nous a fait préparer. Notre hôte a disposé à notre intention sur le sol de sa plus belle chambre des tapis et des coussins sur lesquels nous prenons une heure de repos. Il met le comble à ses attentions en offrant aux dames qui nous accompagnent un magnifique bouquet de fleurs d'orangers cueillies dans son jardin.

A peu de distance de Testour, nous nous arrêtons à Aïn-Tounga, auprès d'une charmante source ombragée de palmiers. Aux alentours, s'étendent les ruines fort intéressantes d'une ville romaine, *Tignica*, qui a dû avoir une certaine importance. Nous visitons les restes, encore parfaitement reconnaissables, d'un théâtre et de plusieurs temples, et une forteresse byzantine, construite par Bélisaire ou un de ses généraux, avec des débris superposés de monuments plus anciens, et qui est restée presque dans l'état où l'ont laissée les vainqueurs des Vandales. La belle plaine où se retrouvent ces grands souvenirs de l'antiquité est aujourd'hui entièrement déserte. Son seul habitant est un cantonnier dont la maison vient d'être bâtie au bord de la route en construction. Ce modeste agent des Ponts-et-Chaussées ne se doute probablement pas qu'il est un véritable pionnier, et que le chemin qu'il empierre péniblement livrera tôt ou tard passage aux machines agricoles qui arracheront de nouveau à cette terre fertile leurs riches moissons d'autrefois.

Quelques heures de marche à travers la verdoyante vallée de

l'Oued-Khalled nous conduisent à Téboursouk, la ville la plus considérable de la région. Le Caïd, monté sur un superbe cheval noir et entouré de tous les chefs des environs et de nombreux cavaliers dans leurs plus beaux costumes, était venu à notre rencontre, saluer le Secrétaire Général du Gouvernement Tunisien. Après les présentations et compliments d'usage, cette splendide escorte s'est rangée autour de nous, et nous nous sommes remis en marche. Petit à petit nos montures ont hâté le pas et nous nous sommes sentis entraînés, malgré nous, dans un galop irrésistible. Je crois que je n'oublierai jamais la sensation qu'a produite en moi cette chevauchée étrange, au milieu de ces cavaliers arabes, à travers une forêt d'énormes oliviers et dans la lumière pâlissante du couchant. A l'entrée de la ville, nous avons trouvé la confrérie religieuse des Aïssaouas, sortie au-devant de nous, bannières déployées. Le Caïd nous a offert une véritable hospitalité de grand seigneur. Son cuisinier algérien, qui lui sert en même temps d'interprète, nous avait apprêté un excellent dîner, entremêlé de mets arabes et de mets français, auquel nous avons tous regretté que la fatigue nous ait empêchés de faire un meilleur accueil.

Après une bonne nuit de repos, nous avons assisté le lendemain matin à une fantasia organisée en notre honneur, dans laquelle nous avons surtout remarqué un jeune arabe de 12 ans, déjà écuyer consommé. Ensuite nous sommes partis pour les ruines de Tougga, célèbres parmi les archéologues à cause de l'inscription bilingue qu'un consul d'Angleterre en a arrachée pour l'envoyer au Musée Britannique. On ne pourrait imaginer un monument plus beau que ce que devait être le temple de Jupiter et de Minerve que les Romains y avaient construit. Le péristyle de colonnes corinthiennes, du goût le plus pur et le plus exquis, est encore debout sur le flanc d'une colline et se détache admirablement sur le ciel bleu.

Cette antique cité, dont les ruines se retrouvent sur un espace immense, au milieu des champs de céréales que nous dépassons à peine de la tête, n'a laissé aucune trace dans l'histoire. Son nom seul a survécu dans celui du misérable village de Dougga, construit en pierres sèches, mêlées de fûts de colonnes, de chapiteaux et de fragments de sculptures.

A l'ombre d'un vieil arc de triomphe, nous avons fait un charmant déjeûner sur l'herbe. Un dernier toast à nos courageuses compagnes de voyage que d'impérieux devoirs rappellent à Tunis, et notre caravane se divise en deux groupes. Mon excellent ami Fabry, vice-président du Tribunal de Tunis, et moi, nous serrons les mains du reste de la société et nous continuons seuls notre route.

Nous avions accepté pour la nuit l'hospitalité du Caïd des Drids, venu au-devant de nous à Téboursouk. Deux heures de cheval à travers la belle plaine, bien peu cultivée, du Korib, nous ont amenés à son campement. On ne peut se figurer ce qu'est la tente d'un grand chef nomade. Malgré les descriptions que j'avais lues, je n'imaginais pas des dimensions pareilles ni une telle élévation : le centre a sans exagération la hauteur d'un premier étage, dans les maisons où le plafond est le plus élevé. Une tenture suspendue au milieu forme séparation en deux parties égales, dont l'une est réservée aux femmes et aux enfants. Plusieurs chameaux sont nécessaires pour transporter dans ses migrations les pieux et les tissus de laine et de poil qui composent cette habitation singulière. Tout autour sont rangées les tentes beaucoup plus basses des nombreux serviteurs du Caïd : cabanes à côté d'un palais.

Les Drids étaient autrefois une puissante tribu nomade, qui pouvait réunir plusieurs milliers de cavaliers, et qui formait un corps de troupes irrégulières à la solde des Beys. Leur principale mission consistait à accompagner le Bey du Camp dans l'expédition qu'il entreprenait chaque année pour faire rentrer l'impôt. Mais les souverains de la Tunisie n'avaient probablement pas une entière confiance dans la fidélité de ces défenseurs, car le séjour de la capitale était interdit à leur Caïd, qui ne pouvait être autorisé à s'y rendre que par un décret. Maintenant, l'heure d'une décadence irrémédiable a sonné pour les Drids ; tous leurs anciens privilèges ont disparu ; fractionnés en plusieurs groupes distincts, ils errent misérablement dans des plaines fertiles, qu'ils ne savent pas cultiver, et où une population plus industrieuse viendra certainement les supplanter un jour.

Notre hôte nous révèle un fait peu connu jusqu'ici, et cependant bien digne d'attirer l'attention des géographes et des ethnologues qui étudient l'Afrique du Nord. Il existe au milieu des Drids, et faisant corps avec la tribu, quelques familles israëlites. Parlant l'arabe, semblables à leurs voisins par leur genre de vie, et par leurs occupations, ils ne se distinguent d'eux que par la religion. Les uns sont orfèvres ou forgerons, d'autres sont bergers ou même cultivateurs. Des juifs cultivateurs ! voilà certes une rareté qui mérite d'être signalée. Nous demandons à aller leur rendre visite, mais on nous répond qu'ils se sont tous rendus au Kef pour y célébrer la Pâque, qui coïncide cette année avec la fête chrétienne. Quelle origine faut-il attribuer à ces israëlites si différents de leurs coreligionnaires, même de ceux qui habitent la Tunisie ? On sait qu'une partie des populations berbères qui occupaient le Maghreb à l'époque de l'invasion arabe, était de religion juive (1). Dans son savant *Essai sur l'histoire des Israëlites de Tunisie* (2), M. Cazès, directeur du collège de l'Alliance Israëlite à Tunis, qui traite à son tour cette intéressante question, voit, dans ces berbères judaïsants, de véritables juifs entrainés en Occident à la suite des armées égyptiennes par le Pharaon Néchao. Rien ne démontre cependant qu'ils fussent juifs de race comme ils l'étaient de religion. M. Cazès lui-même nous fournit un argument à l'appui de cette thèse que nous avons déjà soutenue, en révélant (3) l'antagonisme profond qui exista, au moment de la conquête arabe, entre les Israëlites qui défendaient courageusement leur pays contre les envahisseurs sous les ordres de leur reine, la célèbre Kahéna, et les Juifs, ceux-là parfaitement authentiques, qui arrivaient à la suite des conquérants, dont ils étaient les amis et les protégés. Tout semble démontrer que les Drids israëlites et quelques autres petits groupes analogues qu'on signale au milieu des tribus tunisiennes, sont les descendants des anciens Zénatas

---

(1) Voir à ce sujet notre ouvrage : *Par delà la Méditerranée; Kabylie, Aurès, Kroumirie*. Paris. Plon, Nourrit et Cie, 1887, p. 115 et suivantes.
(2) Paris, Durlacher, 1889, page 17.
(3) Page 44 et suivantes.

qui ont su conserver à travers les siècles leur foi religieuse en face de l'Islam triomphant.

Le mercredi, dès l'aube, nous montons à cheval. Cette journée a été l'une des plus pénibles du voyage ; mais la fatigue a été bien compensée par la variété des paysages que nous avons rencontrés: plaines admirables couvertes de prairies qui, à certains endroits, disparaissaient sous les fleurs, et vallées encaissées au fond desquelles roulaient des torrents. Nous laissons dans l'Ouest le Korib et la route de Teboursouk au Kef par Bordj Messaoudi, où les troupes françaises ont soutenu un combat en 1881, et nous traversons une plaine d'importance secondaire, que les indigènes appellent Bled Ghorfa. Vers l'extrémité Sud du bassin de l'Ouest Khraled, près de l'endroit où, sans franchir aucun accident de terrain notable, on va pénétrer dans celui de la Tessa, notre attention est attirée au sortir d'un taillis de pins par un champ de pierres levées, que l'on prendrait pour des menhirs de peu d'élévation. Elles se dressent à droite du chemin, en ligne presque circulaire sur un petit plateau. Nous dirigeons nos montures de ce côté et sommes surpris d'y trouver des ruines romaines, qui paraissent être les restes d'un cimetière. Nous y découvrons deux inscriptions en caractères bien nets, que je m'empresse de copier sur mon carnet de voyage, regrettant de n'avoir ni le temps, ni les moyens d'en prendre un estampage. Je les reproduis ici, les croyant inédites. La première est gravée sur une pierre à moitié enfoncée dans la terre, de sorte qu'on ne peut en lire qu'une partie :

```
         D M
     J  CAECILI
     US  QE  CUR
      BLANDUS
     P    VAXEL
```

La seconde, à 50 pas plus loin, posée à plat sur le sol, est complète :

```
        D M
    I  CAICILL
  US  I ≡ COR
    BLANDIA
    NUS PUM
     XXMX
     HS  P
```

Ces deux inscriptions, que je n'aurai garde d'essayer de déchiffrer moi-même, doivent avoir un certain intérêt à cause de la localité où elles se trouvent, et qui est placée en dehors de tous les itinéraires romains étudiés jusqu'à ce jour. Cet endroit s'appelle Ared Lrourfa (henchir Abd en Nossir).

Nous passons ensuite à peu de distance du Marabout de Sidi bou Rouis, franchissons deux fois à gué la Tessa qui coule au fond d'un défilé encaissé, et contournant la base du djebel Mahiza, nous descendons dans le Sers. Cette immense plaine apparaît au regard comme un bassin entièrement fermé ; l'oued Tessa, qui en sort par la gorge que nous venons de traverser, y pénètre par une autre, plus resserrée encore, le Khranguet Fras. C'est probablement à sa configuration géographique, vaste coupe d'où les eaux ne s'échappent que par une étroite coupure, que le Sers doit les splendides fourrages qu'il produit. Ce pays se prêterait admirablement à l'élevage. Si nos compatriotes, que tente ce genre de colonisation, au lieu de s'exiler dans les Montagnes Rocheuses ou en Australie, consentaient à tourner leurs regards vers la Tunisie, ils trouveraient certainement ici, à proximité de la France, sous la protection de nos soldats et de nos fonctionnaires, ce qu'ils vont chercher si loin à l'étranger.

Nous arrivons à 2 heures de l'après-midi, chez le Caïd de la région, où nous ouvrons les cantines qui contiennent nos provisions de route et prenons un repos bien mérité. Son habitation et le bordj qui sert de station aux cavaliers de la Remonte dans leurs tournées annuelles, sont les premières constructions en pierres que nous rencontrons depuis un vieux fondouk (caravansérail), voisin de Dougga. Il n'y a pas plus de quelques années que le Caïd, qui appartient à une ancienne famille de Drids, a renoncé à son immense tente pour habiter dans cette maison. Ses femmes, nous a assuré une dame française qui les a récemment visitées, ne peuvent se consoler de la perte des libertés que leur laissait la vie nomade. Leur mari paraît plus satisfait du sort qu'il a choisi. Il nous fait visiter un beau jardin qu'il cultive avec amour et où les arbres fruitiers atteignent des dimensions énormes.

Des chevaux frais nous mènent rapidement à l'autre extrémité du Sers, et, par un chemin qui s'élève au milieu des oliviers, nous arrivons sur le plateau rocheux qu'occupe le village berbère d'Ellez. Nous nous y attardons à visiter de curieux monuments mégalithiques. Nulle part on n'en a signalé de semblables. On pourrait dire que ce sont des dolmens perfectionnés. Ils se composent de six chambres semblables, séparées par un couloir central, et dans lesquelles un homme de petite taille peut se tenir debout. Ensuite, nous nous engageons dans la montagne à travers le pittoresque défilé de l'oued Hammam. Mais la nuit nous surprend et elle ne tarde pas à devenir si noire que nous ne voyons même plus la tête de nos montures. Pour comble d'infortune la pluie se met à tomber, rendant glissants les étroit sentiers, le long desquel nous côtoyons des précipices. Nous avançons ainsi en aveugles, nous en remettant entièrement à l'instinct de nos chevaux arabes. Ces vaillantes bêtes, aux pieds de chèvres, n'ont pas trompé notre confiance, et nous ont amenés sains et saufs à Souk-el-Djema, où nous sommes arrivés à 9 heures du soir, au milieu d'une véritable tempête. On chercherait en vain ce point sur une carte antérieure à l'occupation française. C'était alors un plateau désert, situé au milieu des montagnes, à environ 1000 m. d'altitude. L'état-major jugea à propos d'y créer un camp, qu'une décision bizarre a transformé en garnison permanente de cavalerie. Nous y trouvons un accueil fort aimable chez M. T., médecin militaire. Il nous fait visiter le lendemain les ruines peu éloignées d'une petite ville romaine, auprès desquelles se trouvent des dolmens mêlés à des tombeaux puniques. Nous voyons aussi avec plaisir, à côté du camp, une belle cascade qui tombe dans un bassin entouré de mousse, dont on a fait un abreuvoir.

De Souk-el-Djema nous sommes allés à pied à Maktar, en une heure de marche. La grande ville romaine de *Maktaris* n'est plus qu'un vaste plateau verdoyant et bien arrosé, au milieu duquel se dressent encore plusieurs monuments antiques. C'est cet endroit, presque inhabité, qui a été choisi pour en faire le chef-lieu du Contrôle Civil chargé de surveiller les remuantes tribus des Ouled Ayar et des Ouled Aoun. Le capitaine Bordier, ancien secrétaire de la Société de Géographie de Montpellier, à qui a été confiée cette mission délicate, s'est installé avec sa famille au milieu des ruines. Pendant deux ans, il n'a pas eu d'autre cabinet de travail que le porche de l'Arc-de-Triomphe de Trajan, qu'il avait fait murer d'un côté pour se préserver des courants d'air. Il vient de s'installer dans un beau bâtiment construit sur ses plans, et qui pourrait en cas de besoin se transformer en une forteresse, à l'abri de laquelle il tiendrait en échec tout le pays révolté. Mais cette éventualité n'est pas à craindre et l'influence que le Contrôleur a su acquérir sur ses administrés est un gage assuré de leur soumission. Malgré les 200 kilomètres qui le séparent de toute agglomération européenne, le capitaine Bordier vit heureux, entouré de ces populations dont il est le protecteur, au milieu de ces ruines qu'il chérit d'une affection d'archéologue et dont il déchiffre les inscriptions pendant les rares instants de loisir que lui laissent ses fonctions administratives. Il a été le premier colon de Maktar, et ne désespère pas de voir un centre français s'y former quelque jour. La fécondité de la terre, l'abondance de l'eau, et surtout la douceur de la température pendant l'été, à cette altitude élevée où l'on retrouve presque le climat de la France centrale, y attireront certainement des cultivateurs, dès qu'une voie de communication aura été ouverte sur Tunis.

Mais le temps nous presse et malgré le désir que nous aurions de visiter plus à fond cette intéressante région, le vendredi après midi, nous devons remercier le Contrôleur Civil de son hospitalité si cordiale et continuer notre route.

Nous allons coucher le soir à la Kessera. On appelle ainsi un vaste plateau rocheux (*hamada* en arabe), élevé de 950 mètres au-dessus du niveau de la mer, du haut duquel un torrent s'élance dans la plaine, glissant le long du flanc de la montagne par un ravin abrupt qui lui a donné son nom : *El Kessera*, la brisure. On s'élève par un pittoresque sentier, à travers une forêt de pins d'Alep, malheureusement très dévastée par les indigènes, et l'on arrive ainsi à un curieux village berbère perché à la naissance du ravin et entouré d'un bois d'oliviers. Il est dominé par une vieille tour byzantine. Les ruisseaux d'eau fraîche et limpide qui s'échappent du rocher au milieu de la mousse et courent dans toutes les rues, font songer à nos villages des Alpes. De la véranda que le Caïd a eu l'heureuse idée de placer devant sa maison, on découvre, comme d'un belvédère, le plus admirable des panoramas de montagnes.

La suite de notre voyage a présenté quelques difficultés, car nous entrions dans une région qui a été jusqu'à ce jour très peu parcourue par les Européens. Ce n'est pas sans peine que nous sommes parvenus à nous procurer des montures, mais le guide, promis la veille pour nous conduire à travers le Djebel Ousselet, est introuvable au moment du départ. Comme on nous assure que nous le remplacerons sans peine au premier village que nous allons rencontrer sur notre route, nous nous décidons à partir, munis d'une lettre pour le Cheik. Le brigadier forestier et le garde indigène de la Kessera, qui se sont joints à nous, augmentent notre escorte. En sortant du village, nous remarquons plusieurs dolmens, moins intéressants que ceux d'Ellez. Le sentier que nous suivons traverse le plateau dont j'ai parlé, véritable table, légèrement inclinée vers l'Ouest. D'abord le rocher est entièrement nu et dépouillé de végétation ; mais bientôt nous entrons dans un joli bois de chênes-verts. A l'extrémité orientale un nouveau ravin, semblable à celui que nous avons remonté hier, se creuse dans les flancs de la montagne. Je ne puis donner une idée de la beauté du paysage en cet endroit : c'est certainement un des plus admirables sites africains que j'aie rencontrés. Nous arrivons ainsi au petit village de Mansoura, où nous devons trouver un guide. Mais toutes les portes se ferment devant nous ; pas un seul indigène ne paraît : on croirait que tous les habitants ont émigré. Quelques femmes finissent cependant par se montrer sur les terrasses. On parlemente avec elles. Le Cheik est absent, disent-elles, et tous les hommes travaillent au loin dans la campagne. Elles mentent évidemment. Mon domestique Ali en a aperçu un qui entr'ouvre prudemment sa porte. Il l'appelle, lui fait comprendre que nous n'avons aucune mauvaise intention, et que nous désirons seulement qu'il nous serve de guide. L'arabe promet de nous accompagner, mais demande qu'on lui permette d'embrasser ses enfants. Impossible de lui refuser cette faveur bien légitime. Le coquin en profite pour se sauver par une autre porte, au grand désespoir d'Ali, qui ne se console pas d'avoir été joué. La situation commence à devenir embarrassante. Notre spahis, qui a vu un autre indigène et redoute la même mésaventure, s'empare de lui et veut l'obliger à nous conduire. Heureusement un vieillard, plus courageux que les autres mansouriens, s'offre à nous accompagner volontairement. Il ne connaît pas le Djebel Ousselet vers lequel nous nous dirigeons, mais il nous mènera chez le Caïd des Kooub et Gouazine qui est campé à peu de distance.

Nous laissons derrière nous l'inhospitalière Mansoura, et sortons de la montagne par un étroit sentier à peine indiqué sur des roches glissantes, où c'est véritablement miracle que nos chevaux n'aient pas glissé. Le temps nous manque malheureusement pour visiter un autre village berbère peu éloigné, Jenoua, dont les habitants, nous a-t-on assuré, sont d'anciens chrétiens convertis au mahométisme. Le campement du Caïd était plus éloigné qu'on ne nous l'avait dit. Nous n'y sommes arrivés qu'assez tard dans l'après-midi, après avoir traversé une grande plaine nue et brûlée par un soleil de plomb. Les Kooub et les Gouazine, qui sont réunis en un seul caïdat, appartiennent à la grande tribu nomade des Zlass.

Après quelques heures de repos sous la tente du Caïd, qui s'est efforcé de nous faire oublier le mauvais accueil que nous avions reçu le matin, nous nous sommes remis en marche, cette fois avec un guide du pays. Nous longeons la base de la chaîne du Djebel Ousselet, dont la crête dentelée se dessine sur le ciel à notre droite ; nous franchissons un col, et la nuit tombante nous surprend, tandis que nous descendons le versant opposé. Il serait inutile de chercher un village ou une habitation quelconque dans cette région déserte que parcourent seuls quelques misérables bergers.

Nous nous décidons à camper près d'une source ombragée de lauriers roses, sous un groupe de vieux oliviers sauvages. Cet endroit s'appelle Aïn-Berka (la fontaine de la cane). En quelques minutes les chevaux et les mulets sont entravés, notre tente est dressée et nos bagages déchargés.

Nous pouvons alors nous occuper des préparatifs du repas. Un agneau, que nous payons 2 fr. à son propriétaire, enchanté de notre générosité, est bientôt écorché et embroché tout entier à une branche d'arbre. Rôti à point, il devient un délicieux « mechoui. » Ce mets arabe très recherché faillit, d'après la tradition, causer la mort prématurée du Prophète. On raconte, en effet, que Mahomet, après avoir pris d'assaut une ville ennemie, entra dans la maison de l'un des plus riches habitants, qui avait péri les armes à la main, et voulut obliger sa femme à lui préparer un grand festin. La malheureuse veuve, qui se nommait Safia, arrachée à ses larmes par cet ordre cruel, résolut de se venger et servit au vainqueur un mechoui empoisonné. Plusieurs des Compagnons du Prophète moururent après en avoir mangé ; lui-même fut sauvé miraculeusement. Il ne garda pas rancune à Safia. Comme elle était d'une admirable beauté, il l'épousa et l'entoura d'une vive affection.

Notre faim apaisée, les restes de notre repas sont bientôt dévorés par nos hommes qui ne se trouvent pas souvent à pareille fête.

A ce moment, notre campement offre un aspect étrange, bien fait pour frapper l'imagination de deux marseillais brusquement transportés au milieu de ces sauvages montagnes. Un immense brasier, alimenté par des troncs d'arbres entiers, éclaire les alentours de la tente, répandant par moment ses lueurs d'incendie sur le fond du vallon et prêtant à certains arbres des silhouettes fantastiques. Nos arabes groupés autour du foyer se drapent pittoresquement dans leurs burnous; et leurs faces bronzées qui émergent de l'ombre, lorsque la flamme un instant éteinte se ranime brusquement, paraissent empreintes d'une énergie farouche. Sur nos têtes s'étend l'infinie profondeur du ciel d'Afrique, criblé d'étoiles d'or. Cette nuit de bivouac dans ce pays désert, si loin de toute civilisation, m'a laissé une impression inoubliable. Elle m'a permis de goûter une fois les sensations de la vie d'aventures que décrivent les Mayne-Reid, les Cooper, les Gustave Aimard, et les autres romanciers qui faisaient les délices de mon enfance.

Dès que le jour a paru, notre demeure d'une nuit a été abattue et rechargée avec nos bagages sur les bêtes de somme et nous avons repris notre route à travers le Djebel-Ousselet.

Ce massif de montagnes rappelle le souvenir d'évènements dont l'importance a été considérable pour l'histoire de la Tunisie. Déjà connu durant l'antiquité, il est désigné par Ptolémée sous le nom que les siècles ont à peine modifié de « Ousaleton ». Il fut colonisé par les Romains qui y fondèrent *Oppidum Usalitanum* (1).

Cette contrée aujourd'hui entièrement déserte, renfermait autrefois une nombreuse population berbère, qui y cultivait, d'après le géographe arabe El Bekri, le jasmin, la rose et la violette pour la parfumerie, et même la canne à sucre. Les nombreux oliviers sauvages qu'on y rencontre témoignent que l'agriculture y a été en honneur. On y fabriquait aussi ces carreaux en faïence vernie qui servent dans l'architecture arabe à recouvrir non-seulement le sol des appartements mais encore leurs parois et remplacent ainsi la tapisserie (2). Ces courageux montagnards se joignirent à leurs frères des Aurès dans leur résistance à l'invasion musulmane, et c'est ce qui explique que la Kahéna ait pu établir ses avant-postes à El-Djem, où elle soutint un siége dans l'amphithéâtre romain transformé par elle en forteresse.

A en croire la tradition musulmane, il ne fallut rien moins qu'un miracle, renouvelé de celui de Jéricho, pour amener la prise de la capitale, Djeloula. « Pendant plusieurs jours, raconte El Bekri, Abd-el-Melek-ibn-Merouan (3) tint cette place étroitement bloquée ; puis ayant reconnu l'inutilité de ses efforts, il prit le parti de la

---

(1) Pline. V, 4.

(2) J'ai rapporté des ruines de Dar-el-Bey, dont il sera question plus loin, un échantillon de ces faïences. Il est d'une facture grossière et peu artistique.

(3) Ce personnage, qui fut plus tard l'un des Khalifes de la dynastie des Oméïades, était alors au nombre des généraux de Mououla-ben-Hodeïdj, chef de la douxième campagne des arabes en Ifrikia, vers l'an 665.

retraite. A peine se fut-il remis en marche qu'il remarqua, du côté de l'arrière-garde, un gros nuage de poussière. Croyant que l'ennemi était sorti à sa poursuite, il ordonna à une partie de sa troupe de faire volte-face, pendant que le reste de la colonne garderait son ordre de marche. On découvrit alors qu'un pan de la muraille qui entourait la ville s'était écroulé, et profitant de cet accident, on se hâta de pénétrer dans la place et de s'emparer de tout ce qu'elle possédait. »

Sous la domination turque, plusieurs soulèvements eurent lieu dans la même contrée. On en signale un 1673 que commandait un chef nommé Abou-el-Kassen-el-Chouk ; il fut réprimé par Mourad Bey. Le bey Ali, en 1677, et le bey Mourad, en 1699, furent proclamés par les Ousseltia et parvinrent avec leur aide à s'emparer du pouvoir.

Une partie des évènements qui marquèrent l'établissement du gouvernement beylical et l'avènement de la famille husseinite se déroula dans le Djebel-Ousselet. Ali-Pacha, neveu de Hussein-Bey, le fondateur de la dynastie qui détient encore le pouvoir, avait rêvé de succéder à son oncle. Se voyant préférer un de ses cousins, il s'enfuit, le 20 février 1728, chez les Ousseltia et les entraîna dans sa révolte. Le bey le poursuivit ; en trois mois, il livra cinq ou six combats sans obtenir des avantages décisifs ; une insurrection éclatant simultanément à Béja et au Kef l'obligea à se retirer en toute hâte, détruisant pour aller plus vite son matériel et ses approvisionnements. Ali dut cependant s'enfuir à Alger, mais il en revient en 1735, à la tête d'une armée et parvint à détrôner son oncle et à le supplanter. Il régna 20 ans, et fut renversé et mis à mort par les troupes algériennes, gagnées cette fois à la cause des fils de Hussein-Bey, qui furent ainsi remis définitivement en possession du pouvoir, pour eux et pour leurs descendants. Mais ils eurent encore à soutenir une lutte terrible contre un petit-fils d'Ali-Pacha, Ismaïl-ben-Ounas.

Ce prince, dont le nom est resté dans les traditions populaires, porta ses vues sur l'Ousselet où son grand-père avait déjà trouvé un appui. Il n'eut qu'à paraître pour soulever à sa voix le pays tout entier. Les délégués de tous les villages, réunis à El Kasba, le proclamèrent Bey et lui jurèrent de ne pas l'abandonner. On verra si ces vaillantes populations surent tenir leur serment. Un palais et une cour de justice (*mahakma*) furent bâtis sur l'un des sommets les plus escarpés de la montagne, à Decheret-el-Djemaa. Le bey qui régnait à Tunis, Ali, envoya une armée contre les insurgés ; elle fut défaite et ses canons emportés en triomphe. Une deuxième expédition à laquelle se joignirent des tribus nomades n'eut pas plus de succès. La puissance d'Ismaïl Bey s'étendit alors, raconte-t-on, de Tunis au Djérid. Les Ousseltia poussaient leurs razzias jusqu'aux portes de la capitale. Mais comme, en pays arabe, une guerre ne va jamais sans pillages, ils s'attirèrent par leurs rapines et leurs cruautés de nombreuses inimitiés. Ali-Bey avec l'aide des tribus des Kooub et des Riah parvint à bloquer les insurgés dans leurs montagnes. Un véritable siége du massif commença alors : il dura 4 ans moins 4 mois, d'autres disent 14 ans. La résistance ne céda que devant la famine. On raconte dans le pays que les assiégés en vinrent à manger des cadavres. Voyant sa cause irrémédiablement perdue, Ismaïl entraîna avec lui les principaux chefs de l'insurrection du côté d'El-Guettar, près du village d'El-Ala, sous prétexte de les conduire à la chasse et leur conseilla de fuir. Ils parvinrent à se sauver et allèrent se réfugier à Alger. Ismaïl y mourut en 1780. Les Ousseltia qui n'avaient pas suivi leur souverain, se dispersèrent dans toutes les directions. La terreur qu'ils avaient su inspirer à leurs ennemis était telle que pendant trois jours la montagne resta déserte, sans que personne osât y pénétrer. Enfin les troupes beylicales reçurent l'ordre de détruire tous les villages, et défense fut faite de les relever. Les riches cultures furent saccagées ; les terres confisquées furent abandonnées aux nomades Kooub, en récompense de l'aide qu'ils avaient prêtée aux autorités tunisiennes. Ainsi fut consommée la ruine du djebel Ousselet ([1]).

C'est avec le plus vif intérêt que nous parcourons le théâtre de cette héroïque épopée, à laquelle il n'a manqué qu'un Homère. A

([1]) Ce récit a été reconstitué d'après les données historiques de Rousseau (Annales Tunisiennes), les traditions recueillies sur les lieux et des renseignements dus à l'obligeance de M. Canova, contrôleur civil suppléant à Kairouan.

la place des jardins et des vergers qui jadis approvisionnaient Kairouan de fruits et de légumes, nous ne voyons plus que de rares champs d'orge. Quelques misérables bergers peuplent seuls ces solitudes dévastées. L'un d'eux consent à nous conduire aux ruines du Dar-el-Bey, le palais d'Ismaïl. Nous y arrivons après une longue escalade. Ce nid d'aigle, perché sur le plus élevé d'une série de pitons escarpés, me rappelle par sa situation et le paysage qui l'entoure les villages de la Grande Kabylie. On s'explique admirablement, par la configuration du pays, la durée de la résistance qu'opposèrent ses habitants aux troupes husseinites.

Nous nous dirigeons ensuite vers l'Est à travers le Bled Djelloula, laissant au Nord les ruines de cette antique ville que nous n'avons pas le temps de visiter. Il est fermé par une muraille de rochers arides, le djebel Fedja, que couronne un village détruit. A travers une gorge effrayante, véritable déchirure dans le roc nu et rougi par l'ardeur du soleil, nous descendons dans la plaine brûlante de Kairouan. C'est un autre monde qui commence et donne comme un avant-goût du désert. Aussi n'est-ce pas sans un sentiment de réel soulagement que nous apercevons au loin notre tente dressée dans l'immensité plate et désolée. Auprès du puits de Mahmoud-el-Mrabot, elle nous offre son ombre, sous laquelle nous sommes heureux de chercher un refuge et de goûter quelques heures d'un repos bien gagné. Mais le soleil qui commence à baisser, nous avertit qu'il est temps de lever notre camp et de continuer notre route. Un dernier pli de terrain disparaît sous les pas de nos montures, et tout d'un coup, comme en un changement de décor, les murailles crénelées de Kairouan surgissent à l'horizon.

Je ne décrirai pas la Ville-Sainte et ses mosquées que j'avais déjà visitées en 1886, ni Sousse la blanche, étagée sur sa colline, au bord de la mer bleue. Le vapeur est là sous pression ; il nous ramène à Tunis, enchantés de la longue tournée que nous avons si rapidement et si facilement accomplie, dans une contrée dont certaines parties n'étaient même pas indiquées sur les cartes antérieures à l'occupation de la Tunisie par la France.

www.ingramcontent.com/pod-product-compliance
Lightning Source LLC
Chambersburg PA
CBHW071438060426
42450CB00009BA/2232